글 김성화·권수진

부산대학교에서 생물학, 분자생물학을 공부했습니다. 《과학자와 놀자》로 창비 좋은어린이책 상을 받았습니다. 첨단 과학은 신기한 뉴스거리가 아니라 물리 법칙으로 가능한 과학 세계의 이야기라는 것을 들려주려고 '미래가 온다' 시리즈를 쓰기 시작했고, 《미래가 온다, 로봇》, 《미래가 온다, 나노봇》, 《미래가 온다, 뇌 과학》 등 20권을 완간했습니다.
지금은 수학적으로 사고하는 방법과 그런 사고가 미래를 어떻게 바꿔 놓을지까지, 과정에 충실한 수학 정보서, '미래가 온다' 수학 시리즈를 진행하고 있습니다.
《고래는 왜 바다로 갔을까?》, 《과학은 공식이 아니라 이야기란다》, 《파인만, 과학을 웃겨 주세요》, 《우주: 우리우주에 무슨 일이 있었던 거야?》, 《만만한 수학: 점이 뭐야?》 등을 썼습니다.

그림 황정하

프랑스 에피날 미술학교에서 이미지 내레이션과 일러스트레이션을 공부하고 지금은 일러스트레이터로 활동하고 있습니다.
지은 책으로 《오늘 내 기분은요》가 있으며, 《한번쯤, 큐레이터: 박물관으로 출근합니다》, 《둘이라서 좋아》, 《아빠 만날 준비 됐니?》 등에 그림을 그렸습니다.

미래가 온다
삼각형은 힘이 세다!

도형

와이즈만 BOOKs

미래가 온다 수학

04 도형 삼각형은 힘이 세다!

1판 1쇄 인쇄 2024년 1월 5일 | 1판 2쇄 발행 2025년 3월 15일

글 김성화 권수진 | 그림 황정하 | 발행처 와이즈만 BOOKs | 발행인 염만숙

출판사업본부장 김현정 | 편집 김예지 양다운 이지웅
기획·책임편집 임형진 | 디자인 권석연 | 마케팅 강윤현 백미영 장하라

출판등록 1998년 7월 23일 제1998-000170 | 제조국 대한민국
주소 서울특별시 서초구 남부순환로 2219 나노빌딩 5층
전화 마케팅 02-2033-8987 편집 02-2033-8983 | 팩스 02-3474-1411
전자우편 books@askwhy.co.kr | 홈페이지 mindalive.co.kr | 사용연령 8세 이상
ISBN 979-11-92936-06-2 74310 979-11-92936-02-4(세트)

© 2024, 김성화 권수진 황정하 임형진
이 책의 저작권은 김성화, 권수진, 황정하, 임형진에게 있습니다.
저자와 출판사의 허락 없이 내용의 일부를 인용하거나 발췌하는 것을 금합니다.

잘못된 책은 구입처에서 바꿔 드립니다.

와이즈만 BOOKs는 (주)창의와탐구의 출판 브랜드입니다.
KC마크는 이 제품이 공통안전기준에 적합하였음을 의미합니다.

미래가 온다
삼각형은 힘이 세다!

도형

김성화·권수진 글 | 황정하 그림

차례

0 수가 좋아? 도형이 좋아? 7

1 기하학을 하는 법 13

2 옛날에는 정사각형이 없었어! 25

3 이상하고 이상한 진짜 수학 35

4 유클리드 할아버지! 질문 있어요 51

5 삼각형은 힘이 세다 65

6 원을 그리시오! 71

7 정다면체의 비밀 79

8 기하학자가 걸리버를 만났을 때 95

9 수학계 최고의 미스터리 109

**10 수학이 도대체
   어떻게 된 거야?** 123

0

수가 좋아?
도형이 좋아?

너는 수가 좋아? 도형이 좋아?

"도형!"

왜?

"그림이잖아!"

"수는 계산해야 해. 으으, 생각만 해도 싫어. 너무 지겨워!"

그렇다면 너는 기하학을 좋아할걸.

어쩌면 기하학 소질을 타고났을지도! 응애, 울음을 터뜨리며 바깥세상으로 나오는 순간부터 기하학을 했을걸.

"푸하하, 아기가 기하학을 한다고?"

기하학은 모양에 관한 학문이야. 맨 처음 세상을 보는 순간, 아기도 기하학을 하는 거야. 세상이 어떻게 생겼는지 보는 순간부터!

너의 기하 능력을
테스트해 볼까?

넷 중에서 다른 거 하나를 빼!

푸하하,
너무 쉽잖아!

뭐를 뺐어?

"초록색 네모."

"아니, 첫 번째 네모로 할래."

왜?

"그것만 구멍이 있잖아. 아니, 두 번째 네모로 할래."

왜?

"크기가 너무 작아. 아니, 아니, 세모인가? 다른 건 모두 네모인걸."

"뭐야, 뭐야, 답이 너무 많아!"

답이 하나라고 말한 적 없는데?

하하, 네가 방금 기하학을 했어!

"내가?"

"무얼 했는데?"

모양에 관한 이런저런 생각!

1 기하학을 하는 법

"그런 게 기하학이라고?"

"그렇게 쉬운 게?"

쉽다고?

기하학을 좋아하는 게 분명해.

기하학은 쉽기도 하고 어렵기도 해.

어떤 사람은 기하학이 제일 쉽다고 하고, 어떤 사람은

기하학이 제일 어렵다고 하는걸.

수학을 다 배우고 어른들이 말해.

'기하학이 이해할 수 있는 유일한 수학이었어요.'

'호호, 저는 기하학 때문에 수포자가 되었어요.'

지금부터 2400년 전, 그리스의 철학자이자 수학자 플라톤은 기하학을 몹시 사랑했어. 아테네에 유명한 학교를 세우고 문 앞에 이렇게 적어 놓았어.

2400년 전…

사람들은 플라톤이 얼마나 똑똑한지 몰라도 거만한 선생이라고 생각했어.
하지만 그건 플라톤을 몰라서 하는 소리!

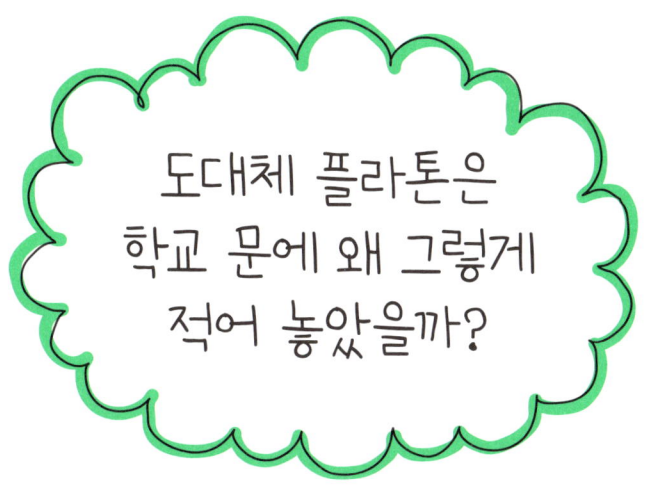

도대체 플라톤은 학교 문에 왜 그렇게 적어 놓았을까?

기하학을 할 줄 아는 극소수의 엘리트만 들어오라고?
천만의 말씀!
플라톤은 기하학이 귀족이나 엘리트만 배울 수 있는 특별한 학문이 아니라고 생각했어.

플라톤의 생각을 알 수 있는 유명한 일화가 있어.
하루는 플라톤이 친구의 집에 놀러 갔어.
친구의 집에 하인이 있었는데, 그 하인은 교육은커녕 학교 문 앞에도 가 본 적이 없어.
그런 하인에게 플라톤이 기하학 문제를 냈어.
막대기를 이용해 모래 위에 정사각형을 그려 보라고 말이야.
'그거야 뭐.'
하인이 모래 위에 막대기를 대고 가로와 세로가 똑같은 정사각형을 그렸어.
'잘하였다.'
플라톤이 하인에게 말했어.
'이번에는 그것보다 딱 두 배 넓은 정사각형을 그려 보아라.'

플라톤이 말했어.

'두 배를 만들어야 하는데 네 배가 되었단 말이지. 그렇다면 본래 정사각형의 반을 가지고 해 보면 어떻겠느냐.'

하인이 무릎을 치며 말했어.

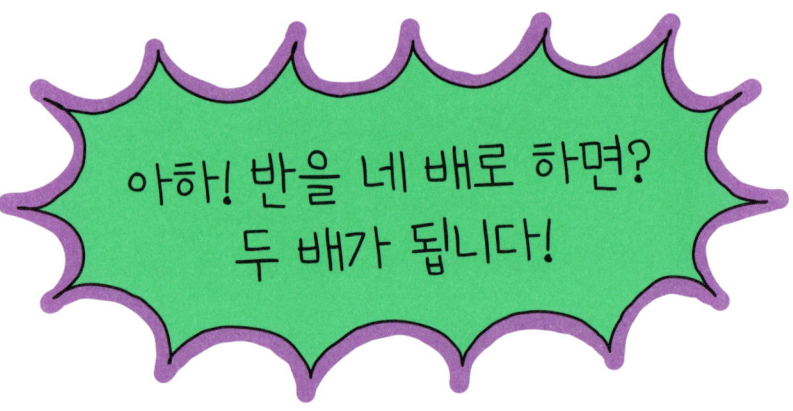

플라톤도 기뻐서 외쳤어.

'참 잘하였다! 그렇다면 정사각형의 반을 그릴 수 있겠느냐?'

'그거야 쉽지요!'

'잘하였다! 잘하였다!'
플라톤이 뛸 듯이 기뻐하며 말했어.
'이제 두 배 넓은 정사각형을 그릴 수 있겠느냐?'
하인이 의기양양 말했어.
'물론입죠! 이런 삼각형 4개를 붙여서 그리면 되지 않을까요? 그러면 원래 정사각형보다 딱 두 배가 커다란 정사각형이 되옵니다!'
플라톤이 덩실덩실 춤을 춰.
'잘하였다! 잘하였다!'
'알겠느냐. 그건 내가 알려 준 것이 아니다. 네가 태어날 때부터 알고 있었던 것을 기억해 낼 수 있도록 내가 조금 도와주었을 뿐이다.'

위대한 플라톤은 모든 사람이 기하학 지식을 가지고 태어난다고 믿었어. 학교 문 앞에도 가 본 적 없는 하인에게 그걸 증명해 보였잖아?
플라톤이 말하길, 누구에게나 수학 지식이 머릿속 어딘가에 저장되어 있다는 거야. 우리는 그걸 꺼내기만 하면 돼!
"정말?"
이제 수학 문제를 만나면 잘 기억해 봐.
어쩌면 네가 벌써 알고 있는 것일지도.

2
옛날에는 정사각형이 없었어!

그거 알아?
옛날에는 정사각형이 없었어!
"무슨 말이야?"

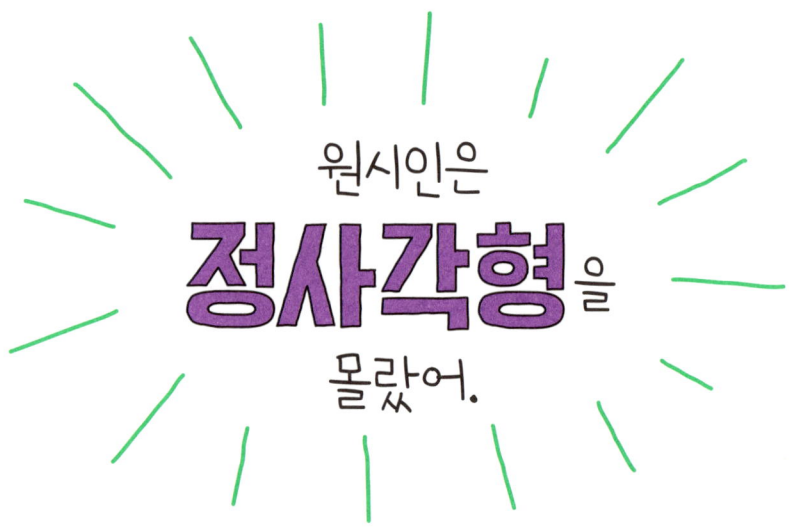

그런 건 본 적도 없고, 생각할 수도 없었어. 길이가 똑같은 네모라니!
원시인에게 정사각형은 우주선과 같아. 상상도 할 수 없어. 그렇게 특이한 도형을 어디서 봤겠어? 자연에는 정사각형이 존재하지 않으니까 말이야.

둘러봐. 자연에는 정사각형이 없어!

하지만 잘 살펴보면 원은 볼 수 있었을지 몰라. 아침에 막 지평선 위로 떠오른 태양, 한밤의 보름달, 해바라기의 동그란 원……. 어쩌면 물속에 돌멩이를 던지다가 돌멩이가 물 위에 만드는 원을 보았을지도.

원시인은 달팽이 껍데기에서 나선형도 보고, 뾰족한 산에서 삼각형도 보았겠지만, 분명 정사각형은 못 봤어.

동그란 동굴 속에 살고, 동그란 움막집을 지은 원시인에게 정사각형은 너무 미래 지향적인 모양이야. 불가능의 첨단 도형!

정사각형이란…

그러던 어느 날 정사각형이 나타났어.
지금부터 4000년 전, 이집트의 파라오가 나일강 가의 땅을 수많은 정사각형으로 나누었다는 거야!
땅을 똑같이 정사각형으로 잘라 백성들에게 나누어 주고, 농사를 지어 해마다 세금을 바치게 했어.

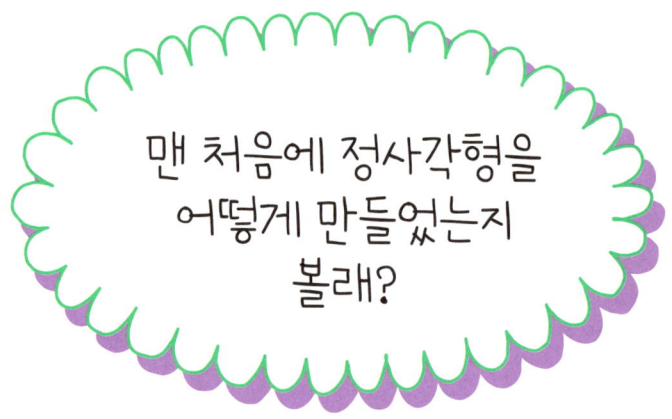
맨 처음에 정사각형을 어떻게 만들었는지 볼래?

파라오의 신하들이 밧줄과 막대기를 가지고 일을 시작해.
막대기를 땅에 꽂고 똑같은 길이로 밧줄을 둘러. 팽팽하게!
이렇게 말이야.

그런데…

그래서 파라오는 신하들을 시켜 땅이 얼마나 줄어들었는지
재어 보게 했어.
그리고 그 결과대로 세금을 매겼어.
그리스의 여행가이자 역사가 헤로도토스가 이집트를
여행하고 이런 이야기를 기록했는데, 책에서 헤로도토스는
이렇게 말했어.

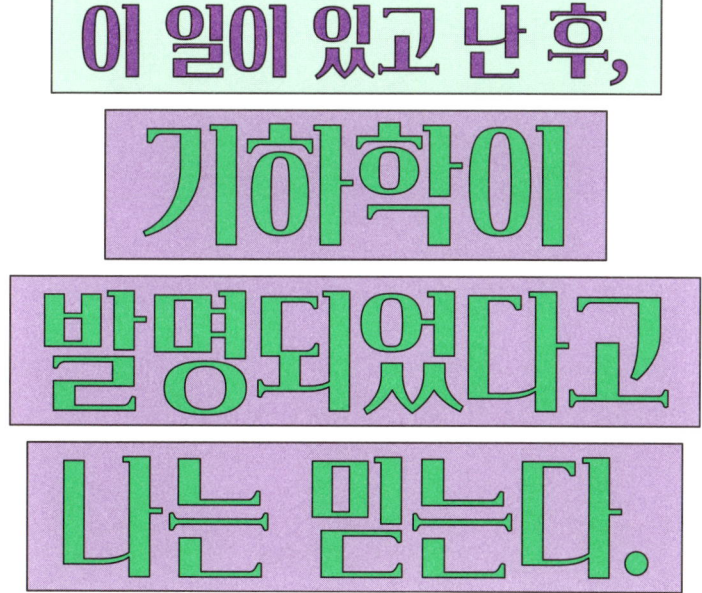

잠깐잠깐!
그건 헤로도토스의 생각이고, 유클리드가 들으면 무덤에서 버럭할걸.

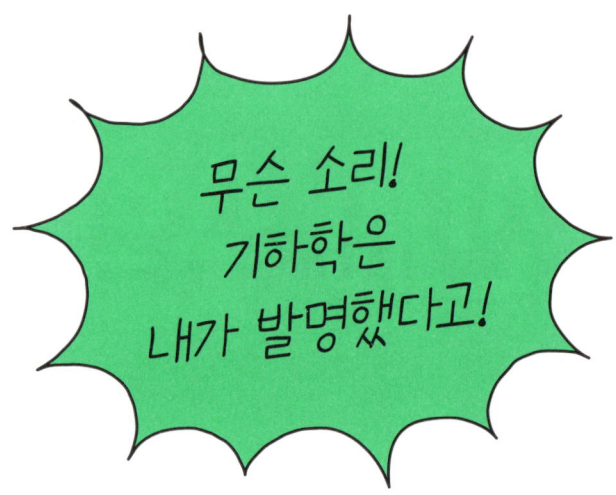

3
이상하고 이상한 진짜 수학

유클리드는 이상한 수학자야.
"유클리드?"
'미래가 온다, 수학' 시리즈 1권에 나왔잖아!
"2권에도 나왔어!"
오호, 바로 그 유클리드야.

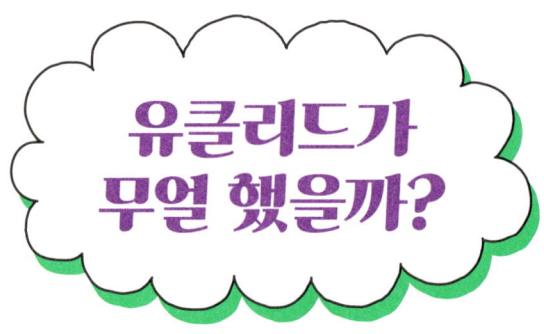

유클리드는 땅을 사각형으로 만든다거나 사각형의 넓이를 잰다거나 하는 일은 하지 않았어. 하지만 아주아주 이상한 일을 했는데, 어느 날 갑자기 허공에 점 하나를 찍었다는 거야.

"푸하하!"

웃겨?

유클리드는 진지해. 바로 바로 수학을 만들려는 참이라니까.

유클리드는 점을 찍더니 이렇게 말했어.

"무슨 말이야?"

점은 너무 너무 너무 너무 너무 너무 작아!

아니, 작은 게 아니야. 아예 크기가 없어. 더 작게 나눌 수도 없고 보이지도 않아!

"뭐야, 그럼 없는 거잖아!"

점은 없는데 있는 거야!

있는데 없는 거야!

이건 정말로 어려운 생각이야. 그래서 100년쯤 전, 어느 나라에서는 수학 시간에 이렇게 배웠다니까.

유클리드가 들었다면 또 한 번 버럭 고함을 질렀을걸. 연필에 눌린 자국도 크기가 있지 않겠어?

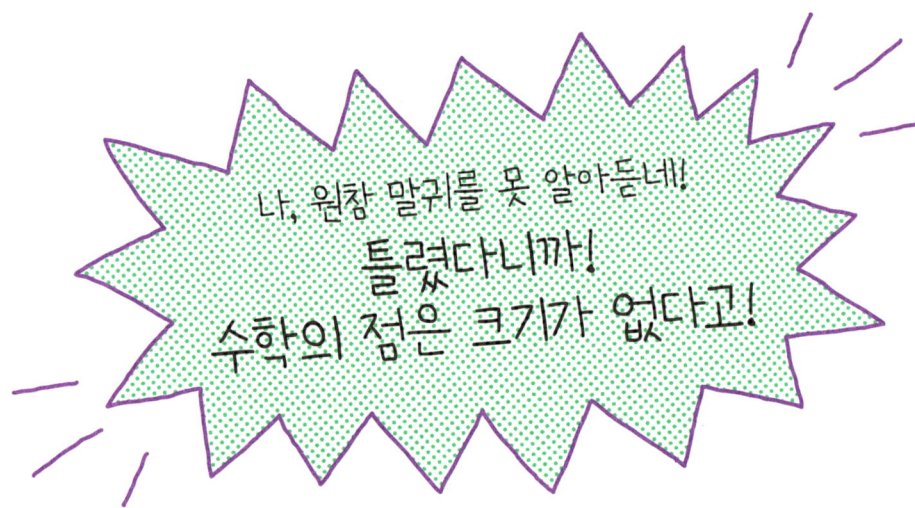

만약에 점에 조금이라도 크기가 있다면 그건 점이 아니라 동그란 원이 될 거야. 현미경으로 들여다보면 거기에 있는 건 점이 아니라 원이라는 말씀이야.
알겠어?
점이, 점이 되려면 크기가 없어야 해!

이제부터가 시작이야.

유클리드가 허공에 보이지 않는 점 하나를 찍는 순간, 최초로 기하학이 탄생해.

지금까지 네가 상상한 수학은 잊어!

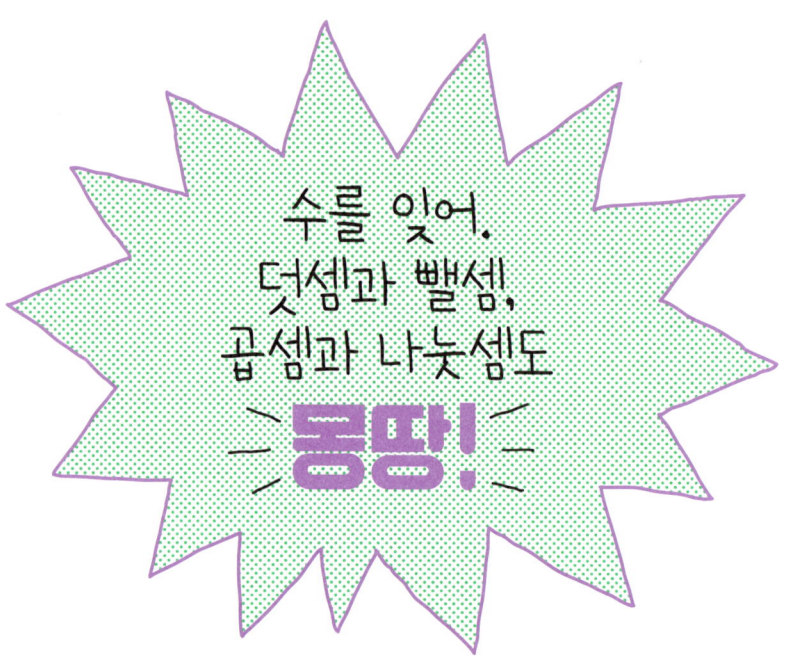

유클리드가 완전히 새로운 수학을 만드는 중이야.

계산이 없는 수학이 오고 있어!

쉿,
유클리드가
허공에 또
점 하나를 찍어!

쩔이
2개야!

점과 점을 이어. 똑바로 곧장!
점에서 점까지
가장 가까운 길이야.

직선이라 하자!

보여?

"안 보이는데?"
당연하지.
유클리드는 눈에 안 보이는 점을 찍고, 눈에 안 보이는 직선을 그렸어.

인류의 생각 속에 처음으로 **점**과 **직선**이 탄생하는 순간이야!

유클리드는 이걸로 차근차근 기하학을 만들어. 옷을 만드는 것도 아니고, 음식을 만드는 것도 아니고, 침대를 만드는 것도 아니고, 하하! 수학을 만들기 시작했다는 거야. 지금까지 없었던 새로운 수학이 탄생해!

유클리드는 점으로 시작된 이야기로 장장 13권의 책을 써. 점이 어쩌고, 직선이 어쩌고, 삼각형이 어쩌고, 원이 어쩌고, 다각형이 어쩌고저쩌고…….

차근차근 수학의 탑을 쌓아 나가. 제목이《유클리드의 원론》이야. 구텐베르크가 인쇄술을 발명한 이래《성경》다음으로 가장 많이 팔린 책이라면 믿을 수 있겠어?

그거 알아? 젊은 시절에 링컨도 밤이면 밤마다《유클리드의 원론》을 탐구했는데 훗날에 이런 말을 했어.

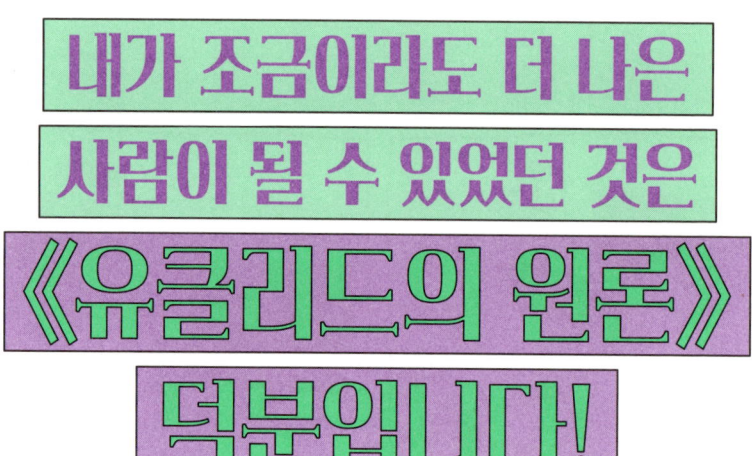

내가 조금이라도 더 나은 사람이 될 수 있었던 것은 《유클리드의 원론》 덕분입니다!

인류 최고의 베스트셀러

수많은 사람들이《유클리드의 원론》에 빨려 들었어. 위대한 철학자와 수학자와 과학자들이 감옥에서, 전쟁터에서, 무인도에 표류해서도 읽었다니까.
"헉!"
《유클리드의 원론》덕분에 지구에 진짜 수학이 시작되었어. 사고팔고 셈하고, 재고……. 살아가는 데 필요한 실용 수학 말고, 고고하고 우아하고 도도한 수학자의 수학 말이야!

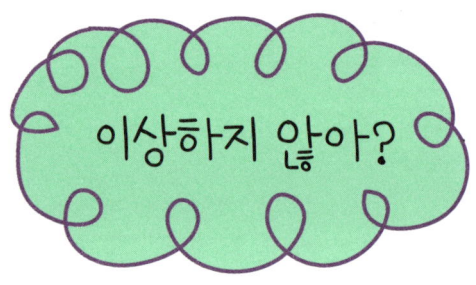

허공에 달랑 보이지도 않는 점을 하나 찍고, 점이라 부르다니! 점과 점을 잇고 직선이라니!
유클리드는 어떻게 그런 생각을 했을까?
어떻게 그렇게 황당한 생각으로 수학을 시작할 수 있담!

유클리드는 천재일까? 미치광이일까?
쉿, 이건 비밀인데, 유클리드가 누구인지는 아무도 몰라.
어디서 태어났는지, 부모가 누구인지. 무덤도 없다니까.
학자들이 유클리드의 행적을 찾아보려 백방으로 노력했지만
2000년 동안 유클리드에 대해 알게 된 거라곤 이게 전부야!

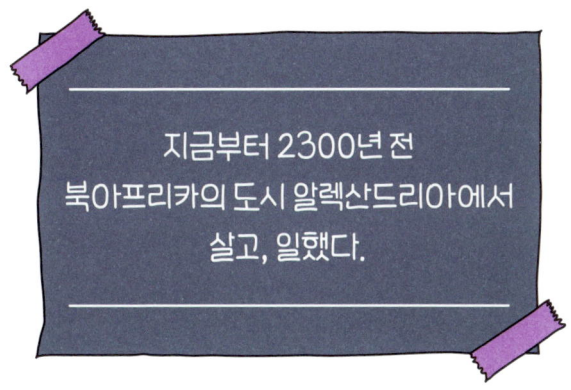

지금부터 2300년 전
북아프리카의 도시 알렉산드리아에서
살고, 일했다.

어떤 학자들은 유클리드가 한 사람이 아니었다고 주장해.
인간이 홀로 그렇게 엄청난 지적 모험을 감행할 수는 없다나.

유클리드는 누구일까? 어디서 왔을까?
혹시 수학이 고도로 발달한 외계 문명에서 은밀히 파견된 게 아닐까?
어쩌면 지구에 불시착한 외계인 수학자일지도!
"설마!"
누가 알겠어?

④ 유클리드 할아버지! 질문 있어요

"그런데요,
유클리드 할아버지!
크기도 없고
보이지도 않는
점과 직선으로
사람들이
수학을 배울 수
있을까요?"

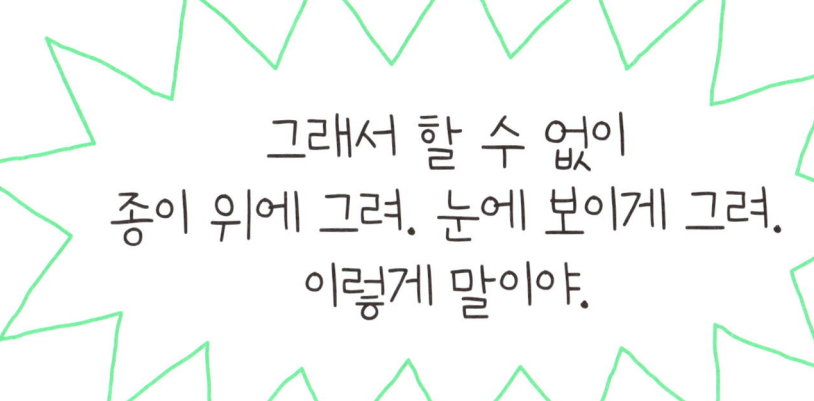

그래서 할 수 없이
종이 위에 그려. 눈에 보이게 그려.
이렇게 말이야.

하지만 잊지 마.
진짜 점은
눈에 보이지 않아.
진짜 직선도!

> 쉿, 유클리드가
> 손가락을 들어 올려.
> **또 점을 찍어.
> 직선 바깥에!**

●

●────────────●

> 찌릿찌릿!
> 점과 점과 점을 노려봐.
> 무언가 하고 싶지 않아?

점과 점과 점을 이어! 앗!

삼각형이 탄생해!

세상에 그냥 삼각형은 많아.
하지만 그건 수학자의 도형이 아니야.
커다란 삼각형, 조그만 삼각형, 키 큰 삼각형, 납작한 삼각형,
뾰족한 삼각형, 더 뾰족한 삼각형……. 수많은 삼각형이
세상에 있지만 어느 것도 완전하고 완벽한 삼각형이 아니야.

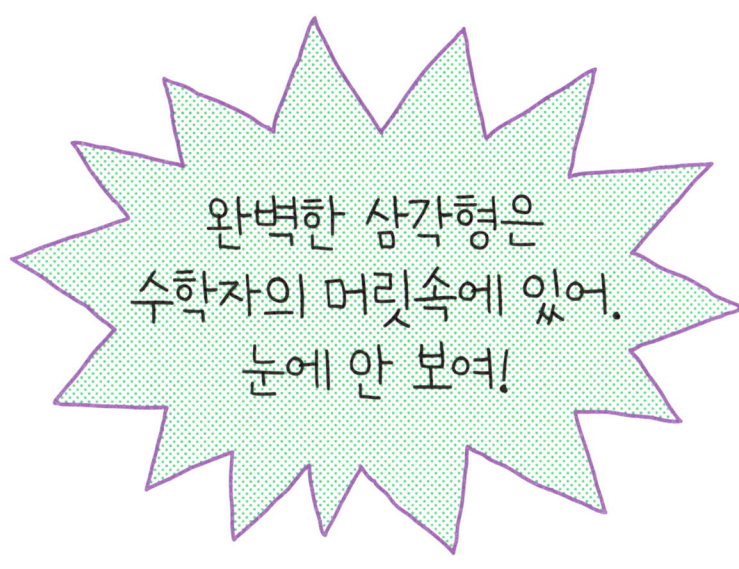

완벽한 삼각형은
수학자의 머릿속에 있어.
눈에 안 보여!

눈에 보이지 않는 점과 눈에 보이지 않는 직선을 이었는데
어떻게 보이겠어?

눈에 보이게 그리면?

그건 진짜 삼각형이 아니야.

현미경으로 보면 점이 공만 할걸. 직선이 팔뚝만 할걸.

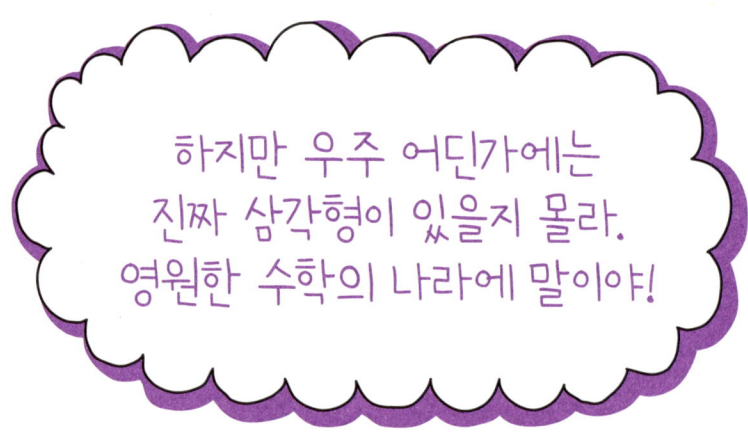

하지만 우주 어딘가에는
진짜 삼각형이 있을지 몰라.
영원한 수학의 나라에 말이야!

그렇지 않다면 수학자가 어떻게 삼각형을 떠올릴 수 있었겠어?

점을 3개 찍고, 삼각형을 그려.
종이 위에!
그렸어?
"그렸어!"

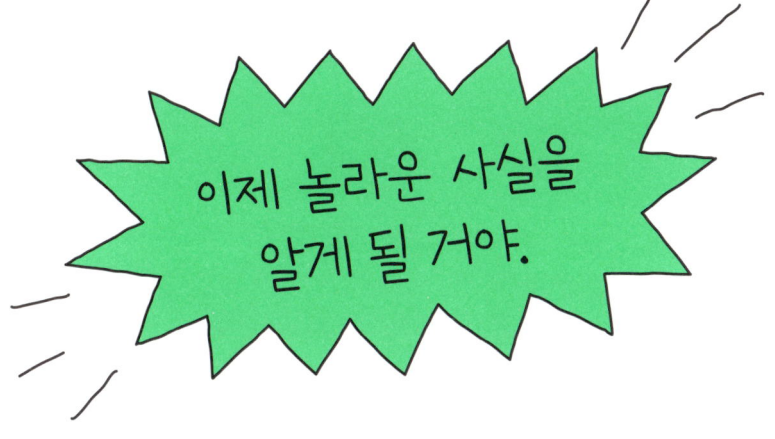

삼각형의 세 각을 모두 더하면 얼마일까?
"그걸 내가 어떻게 알아?"
방법이 있어.
색연필로 삼각형의 세 각을 색칠하고, 싹둑 잘라 내.
꼭짓점 3개를 모아서 붙여 봐!

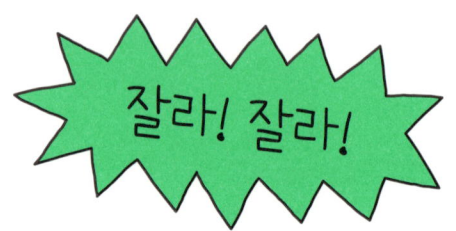

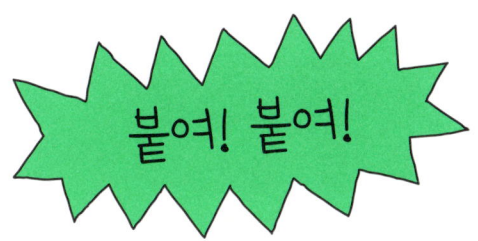

붙여! 붙여!

각이 평평해졌어.
180도야!

커다란 종이에 삼각형을 많이 그려.
널따란 삼각형, 기다란 삼각형, 높다란 삼각형, 납작한 삼각형, 뚱뚱한 삼각형, 홀쭉한 삼각형!
뭐든지 해 봐!

모기만 한 삼각형, 집채만 한 삼각형이 있다고 해도, 삼각형의 세 각의 합은 언제나 180도라는 말씀!

삼각형은 작은데도
힘이 세.
나처럼 말이야.

푸, 말도 안 돼.

정말이라니까!
볼래?

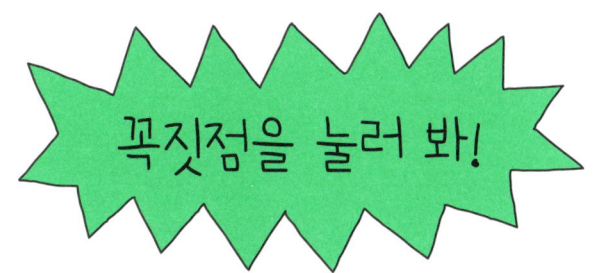

삼각형은 모서리가 딸랑 3개. 그런데도 강해!

삼각형은 쉽게 모양이 변하지 않아!

그거 알아?
삼각형이 도시 곳곳에서 활약하고 있어!
높다란 철탑을 본 적 있어? 기차를 타면 차창 밖으로
쏜살같이 지나가는 철탑들을 유심히 봐.
철제 막대가 그물처럼 얽혀 있어. 거기엔 한 가지 도형이
반복해서 나와.
큰 삼각형과 큰 삼각형 속에 들어 있는 작은 삼각형!
정사각형이나 직사각형으로 보이는 부분도 사실은 삼각형
2개로 된 거야.

수학자가 없다면 건축가도 없을걸.
1800년대 프랑스의 수학자 오귀스탱 루이 코시가
건축가들에게 말했어.

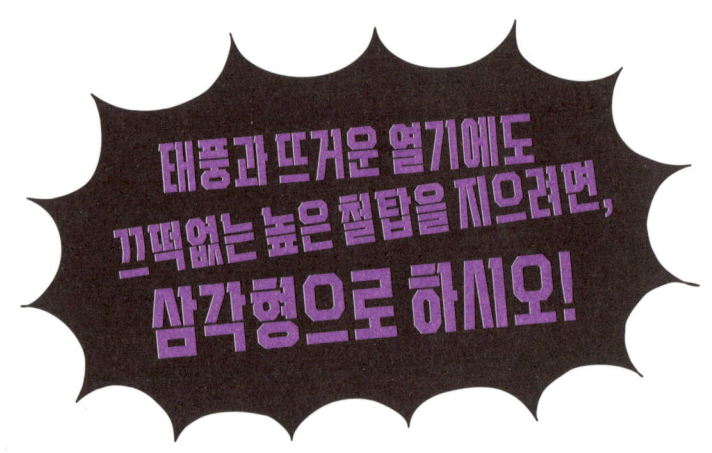

철제 막대를 볼트로 연결해 만들 수 있는 도형 중에서
삼각형만이 특별해. 사각형, 오각형, 육각형…… 다른 도형은
열과 바람에 모양이 변형돼.
만약, 프랑스 파리에 가게 된다면 꼭 에펠탑을 보러 가.
에펠탑에 숨어 있는 삼각형을 보러 가!

수학의 나라를 상상해 봐.

네가 거기에 간다고 말이야.

보이지 않는 점이 반짝이고, 보이지 않는 직선이 쌩쌩 달려.

"보이지 않는데 어떻게 보여?"

그러니까 수학의 나라야!

저길 봐.

수와 수가 팔짱을 끼고 우아하게 산책을 해.

앗! 완벽한 삼각형이 네 앞에 나타나.

'이리로 오시지요!'

궁전까지 길을 안내하는데?

완벽한 사각기둥을 지나, 완벽한 오각 터널을 지나, 완벽한 정칠각형 문을 지나 정구십구각형 커다란 궁전에 이르러.

왕좌에 원이 앉아 있어.

너에게 이렇게 물어보는데?

"뭐라는 거야?"

쉿, 원이 무언지 말씀드려.

"동그란 거 아니야? 완벽하게?"

완벽하게? 어떤 게 완벽한 건데?

그런 건 수학이 아니라고.

유클리드가 들으면 무덤에서 벌떡 일어설걸.

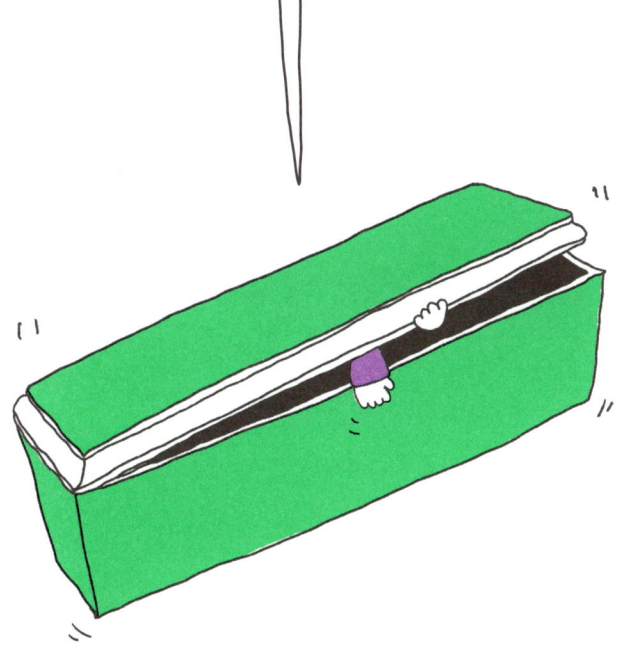

할 수 있겠어?
점을 1개 찍고, 거기서부터 사방팔방 같은 거리에 수많은 점들을 찍어. 점들을 모두 이어.
이제 알겠어?
수학 시간에 왜 컴퍼스로 원을 그리는지?
컴퍼스를 가져와.

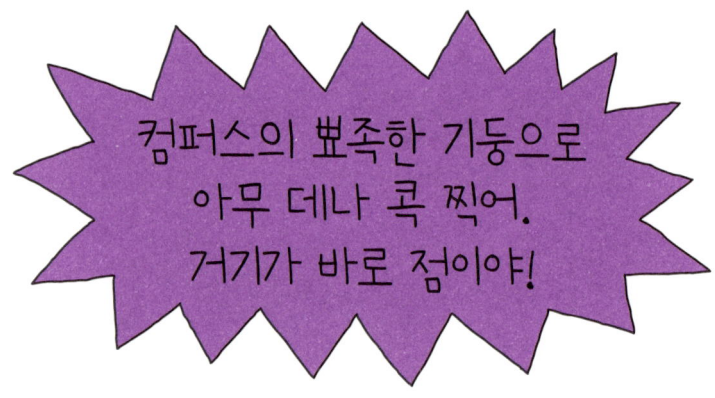

컴퍼스의 다리를 벌려.
돌려!
점에서 점까지, 똑같은 거리에 있는 점들을 모두 모두 잇는 거야.
"아하!"
빙그르르 컴퍼스를 한 바퀴 돌려!

하하, 컴퍼스가 없어도 원을 그릴 수 있어.

볼래?

내가 가운데 설게.

팔을 잡아!

돌아, 돌아!

보여?

⑦ 정다면체의 비밀

"입체 도형이잖아!"

그냥 입체 도형이 아니고 정다면체야. 그 유명한!

"유명하다고?"

유명하고 고고하고 아름다워. 수학의 나라에 영롱하게 별처럼 빛나!

"이게?"

그렇다니까.

"5개밖에 없다고?"

"그럴 리가!"

5개뿐이야. 더는 없어.
유클리드가 《유클리드의 원론》의 마지막 권에 증명해
놓았어.

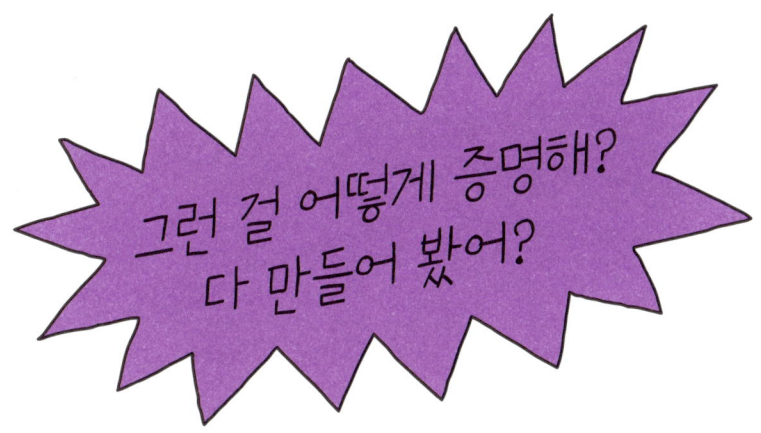

그럴 리가. 그럼 수학자가 아니지!
수많은 사람들이 다른 정다면체를 만들어 보겠다고 종이를
수백수천 번 접었을지 몰라.
수학자는 그러지 않아.
단번에 증명하지!
"어떻게?"

숨 좀 쉬어.

너는 아직 5개의 정다면체 이름도 모르잖아?

"이름이 있다고?"

당연하지.

첫 번째 정다면체를 봐.

무슨 도형으로 되어 있어?

"정삼각형."

모두 똑같아?

"똑같아."

몇 개야?

"하나, 둘, 셋, 넷!"

똑같이 포개지는 도형 4개로 되어 있다고 이름이 정사면체야.

두 번째는 무슨 도형으로 되어 있어?
"정사각형!"
몇 개야?
"6개."

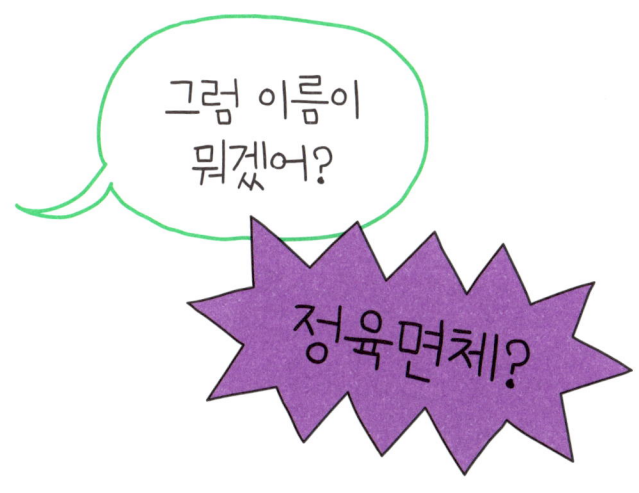

빙고!
똑같이 포개지는 도형 6개로 되어 있어서 이름이
정육면체야.
면이 몇 개로 되어 있는지로 정다면체의 이름을 정했어.

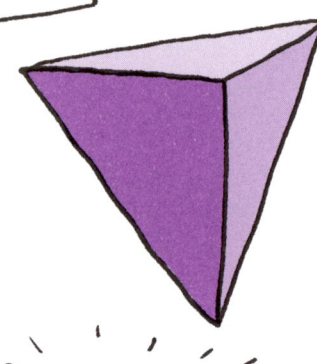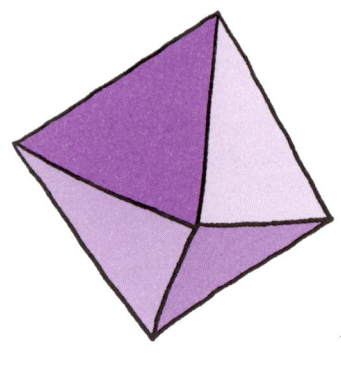

"왜?"

"정이십사면체, 정육십면체, 정구십구면체……. 얼마든지 많을 수도 있잖아! 누가 알겠어?"

그러게 말이야.

하지만 없어!

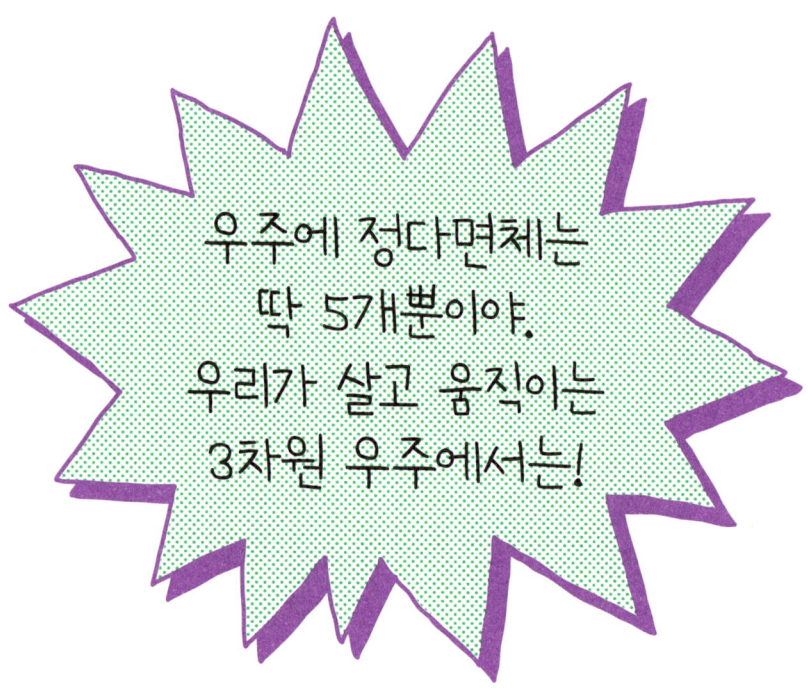

우주에 정다면체는 딱 5개뿐이야. 우리가 살고 움직이는 3차원 우주에서는!

"어떻게 알아?"

꼭짓점에 비밀이 있어.

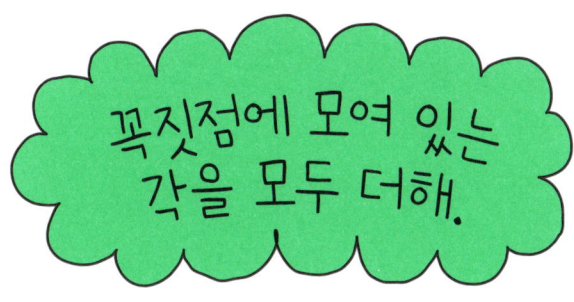

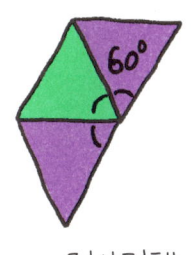
정사면체
180도

정팔면체
240도

정이십면체
300도

정육면체
270도

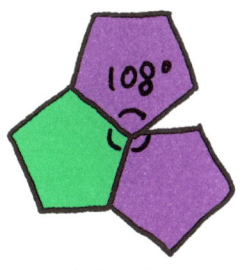
정십이면체
324도

그게 360도를 넘으면 안 돼!

"360도를 넘으면 안 된다고?"

"왜?"

좋은 질문이야. 기하학자가 까무라치겠는걸!

우리가 앉고 일어서고 눕고 팔을 휘휘 돌리고 달리면서 살고 있는 3차원 세상의 각도는 한 바퀴가 360도야!

뱅글뱅글 돌아봐.

360도야. 우리가 사는 세상!

정다면체의 꼭짓점에 모이는 도형의 각도도 360도를 넘을 수 없어.

이제 알겠어?

또 다른 정다면체를 찾으려고 아무리 애써 봤자 찾지 못해!

정다면체가 수학자와 과학자의 마음을 홀려. 5개가 전부라니. 더는 없다니!

"헐!"

기하학을 안다면 축구공을 더 이상 공이라 부를 수 없을걸. 축구공은 이렇게 불러야 해.

깎은 정이십면체!

"깎은 정이십면체 좀 차고 올게!"

⑧ 기하학자가 걸리버를 만났을 때

어느 날 기하학자가 걸리버를 만나러 갔어. 폭풍을 만나 소인국과 거인국에 표류하게 된 걸리버 말이야.
"걸리버는 책에 있잖아!"
그래?

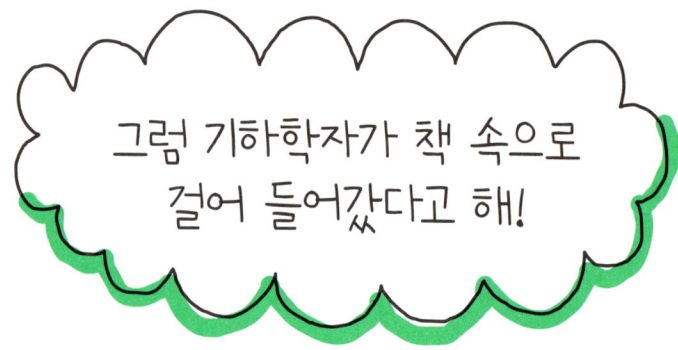

아무튼 걸리버가 이상한 여행에서 돌아와 사람들에게 모험담을 떠벌리는데, 기하학자는 입이 근질근질해서 참을 수가 없었거든.

기하학자가 말하길, 사람과 똑같이 생기고 크기만 커진 거인은 이 세상에 없다는 거야.
'있다니까!'
걸리버가 소리쳐.
'내가 봤다고!'
그러자 기하학자도 소리쳐.

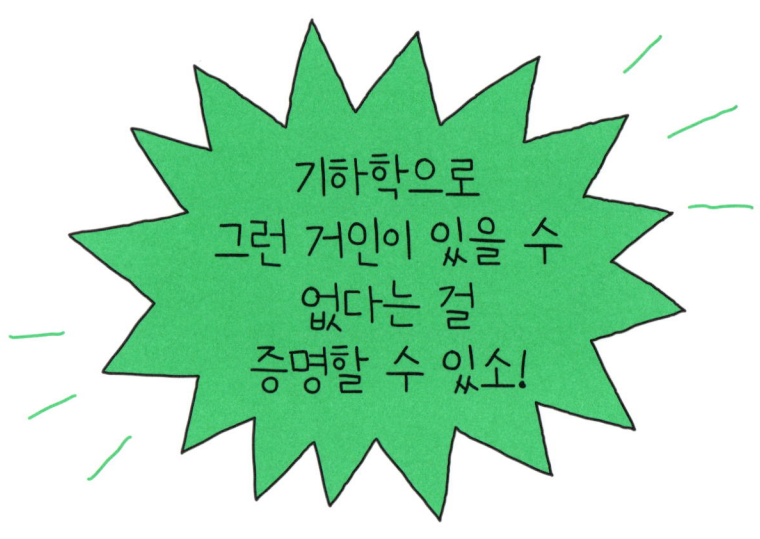

정말로 거인국을 여행했다면 거인국의 거인들은 이렇게 생겨야 한다고!

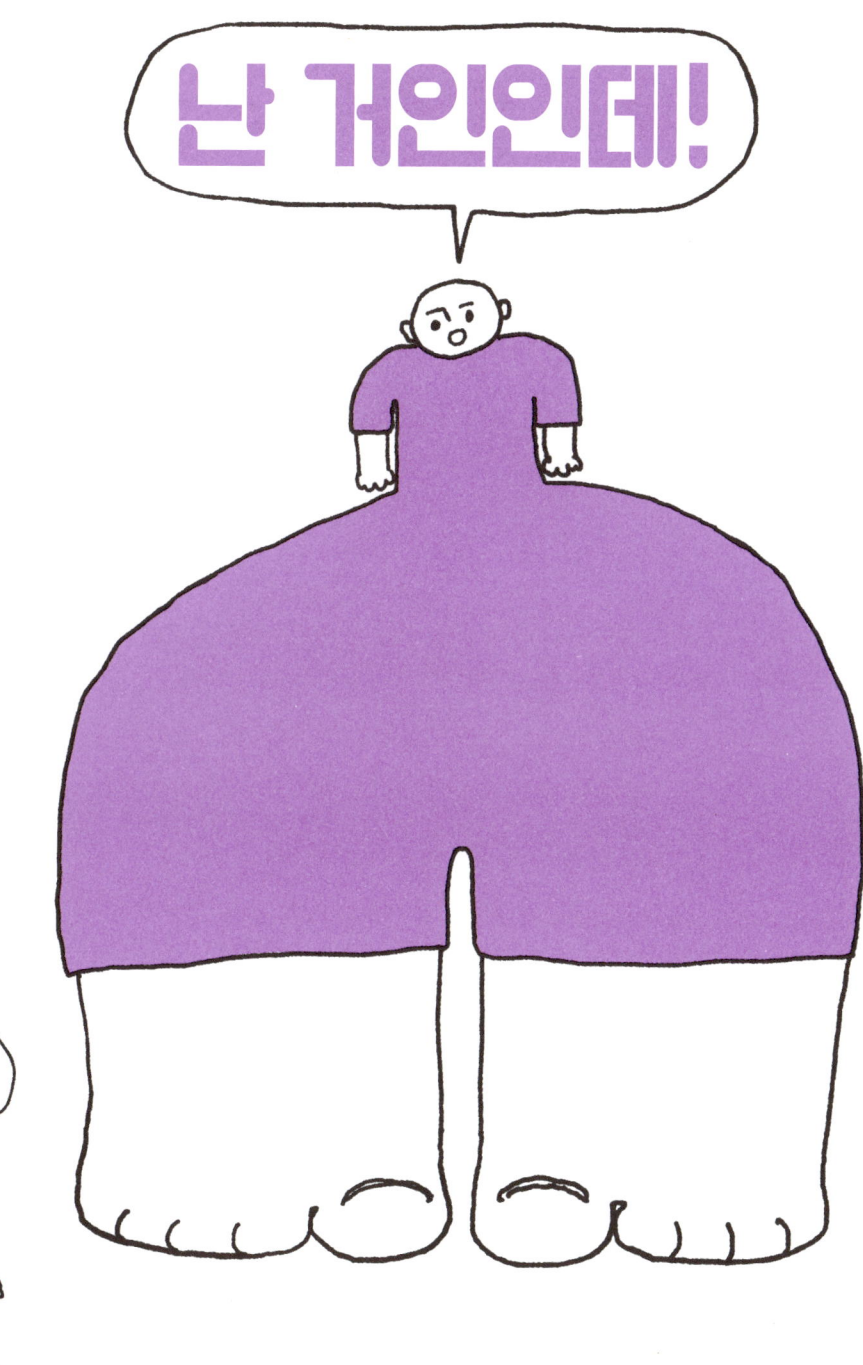

이런 거인을 상상할 수 있겠어?
책을 쓰기 전에 걸리버는 기하학자에게 물어봤어야 해!

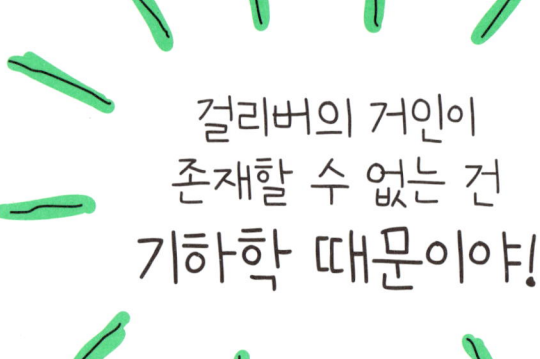

기하학에 따르면, 무엇이든 가로, 세로, 높이를 10배씩 늘리면 크기가 1000배로 불어나!
볼래?
여기에 주사위가 있어.

주사위의 가로, 세로, 높이를 10배씩 늘리면…….

이게 바로 기하학의 법칙이야!
거인의 키가 10배 커진다면 거인의 몸집은 1000배로 커지고 1000배로 무거워져.
그런 거인은 지구에 1초도 서 있을 수 없어!

몸이 너무 무거워서 짜부라져!

짜부라지지 않으려면 거인의 모습이 왕창 바뀌어야 해. 코끼리처럼 네발 동물이 되거나 다리가 몸통보다 훨씬 훨씬 더 두꺼운 괴물이 되어야 해.

혹시 상상해 본 적 있어?

지구에
왜 공룡만 한 개미는 없을까?

왜 개미만 한
공룡은 없을까?

개미가 자기 모습 그대로 1000배쯤 커지면 몸무게는 10억 배로 불어나!

"헐!"

그렇게 무거운 거대 개미가 있다면 몸속에 단단하고 거대한 뼈가 있어야 돼. 다리도 1000개쯤 필요하고!

그러면 그건 개미가 아니지 않겠어?

반대로 공룡이 공룡 모습 그대로 개미만큼 작아질 수 있을까?

공룡이 1000배로 작아지면 몸무게는 10억 분의 1로 줄어들어!

너무 작은 개미 공룡에겐 두꺼운 다리는 필요 없어. 단단한 뼈와 이빨도, 균형을 잡아 줄 꼬리도.

그러니까 그것도 공룡이 아니지 않겠어?

어느 날 갑자기…

혹시 5미터쯤 키가 커 봤으면 좋겠어?
그럼 너의 몸무게는 어마어마하게 불어날 거야. 너의
다리로는 몸무게를 지탱할 수 없어서 너는 맨날 누워서 눈만
끔뻑끔뻑해야 할걸.
"헐!"

그래서 이 세상에 공룡만 한 개미는 없어.
개미만 한 공룡도 없고.
코끼리만 한 달팽이도, 생쥐만 한 사람도 없어!

이제 알겠어?
걸리버가 만났다는 거인국의 거인은 이 세상에 없다는 말씀.
그렇지만 이것도 알아 둬.
《걸리버 여행기》는 짱 재미있어!

⑨ 수학계 최고의 미스터리

이제 기하학 좀 아는 아이가 되었겠지?
"당연하지!"
오호! 그렇다면 드디어 수학자들을 2000년 동안 괴롭혔던 엄청난 수수께끼에 대해 알 때가 되었어.
"뭐야, 뭐야?"

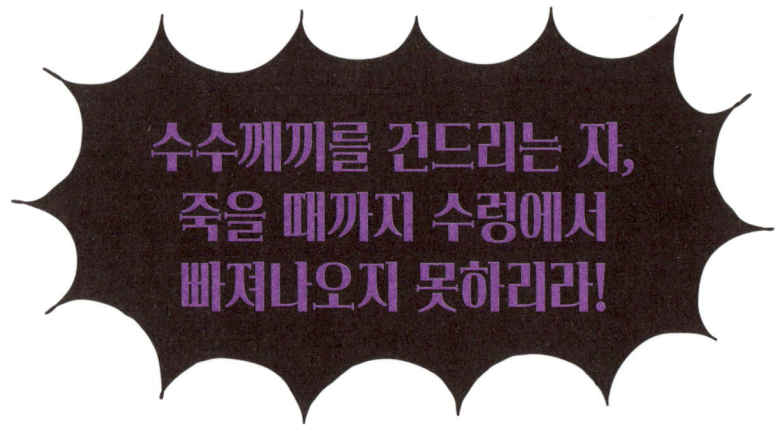

수수께끼를 건드리는 자,
죽을 때까지 수렁에서
빠져나오지 못하리라!

"풀었어? 못 풀었어?"
중요한 건 그게 아니야.
그걸 풀려다가 쿠르르 쾅쾅!
수학의 나라에 어마어마한 대지진이 일어나고 말았어.

평행선 때문에!

"평행선?"

완벽하게 나란해서 서로 만나지 않는 직선 2개 말이야.

평행선을 그릴 수 있겠어?

나란히 나란히!

평행하게 평행하게!

"기다려 봐!"

평행선은
절대 안 만나.

아무리 아무리 가도
우주 끝까지 가도

조금도
가까워지지 않아!

옛날 옛날에 유클리드가 그런 평행선을 하나 그었다는 거 아니야. 직선을 하나 긋고, 직선 위쪽에 점을 찍고, 점을 지나도록 평행선을 그었어.
이렇게 말이야.

그런 다음 중요한 말을 남겼어.
'점을 지나고, 아래 직선에 평행한 직선은 딱 1개뿐이다!'
그리고 또 이렇게 말했어.
'이건 너무나 당연하고 지당한 사실이라 증명할 필요도 없노라!'

1개뿐이라고?

정말 그럴까?

훗날 수학자들은 그걸 증명하겠다고 인생을 바치게 돼.

증명하지 않기에는 너무나 찝찝했거든.

이것 좀 봐.

유클리드가 기하학을 시작하면서, 너무나 중요하지만,

또 너무나 당연하고 지당해서 증명이 필요 없는 다섯 가지

사실을 선포하고, 그걸 공리라 불렀어.

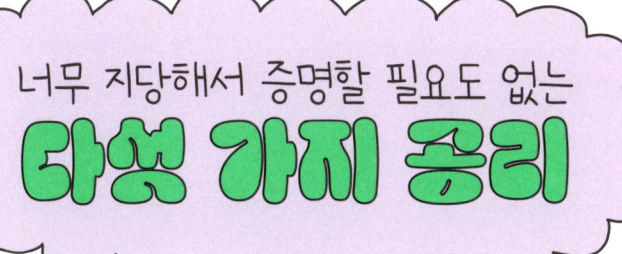

너무 지당해서 증명할 필요도 없는 다섯 가지 공리

1 점과 점을 이어서 직선을 그을 수 있다.

2 직선을 늘일 수 있다.

3 한 점을 중심으로 원을 그릴 수 있다.

4 직각은 모두 같다.

5 직선 바깥의 한 점을 지나면서, 그 직선에 평행한 직선은 딱 1개뿐이다.

1, 2, 3, 4번 공리는 너무 당연하고 너무 간단해.
정말로 증명할 필요가 없게 보여.
그런데 5번 공리는 아무리 봐도 찝찝해.
너무 복잡해. 너무 길어!

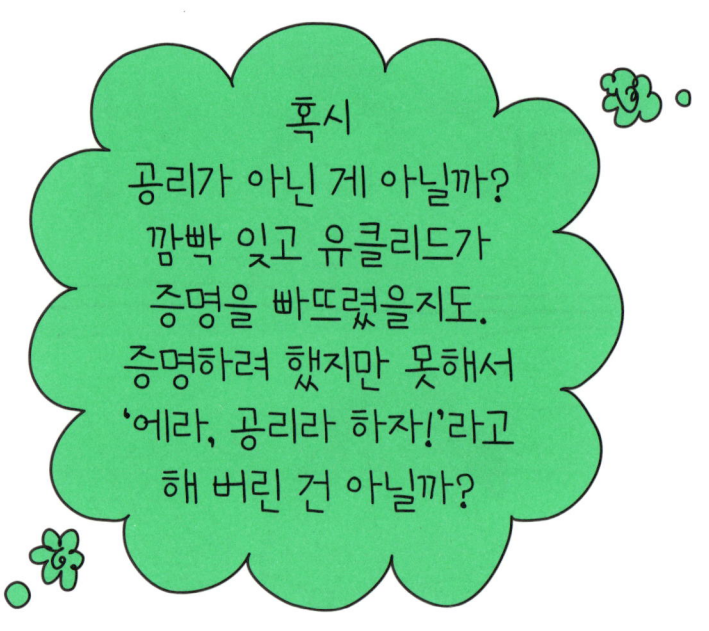

혹시
공리가 아닌 게 아닐까?
깜빡 잊고 유클리드가
증명을 빠뜨렸을지도.
증명하려 했지만 못해서
'에라, 공리라 하자!'라고
해 버린 건 아닐까?

그래서 수학자들이 증명해 보려고 덤벼들었어. 금방 증명할 수 있을 줄 알았지.
그런데 못했어!
그래서 엄청난 수수께끼가 되어 버렸어.
무려 무려 2000년 동안이나!

으아아아아악!

유클리드가 죽고 2000년쯤 지났을 때, 헝가리의 수학자 야노시의 머릿속에 번쩍 전구가 켜져!
"증명했어?"
아니!

"버렸다고?"
"왜?"
증명을 하지 않는 대신 놀라운 생각이 떠올랐거든.

만약에 만약에, 평행한 직선이 딱 1개가 아니라면 어떻게 될까? 평행선이 여러 개거나 하나도 없다면 말이야!
"그게 무슨 말이야?"
사실은 말이 안 돼. 딱 봐도 그럴 수는 없거든.
그런데 이상하게도, 현실에서는 절대 일어날 수 없는 일 같은데 수학의 나라에서는 아무 문제가 없다는 거야.
아니!
문제가 없는 정도가 아니었어.
괴상한 상상 덕분에 어쩌면 새로운 기하학이 탄생할지 몰라.
기이하고, 놀랍고, 대단한 기하학이 말이야!
야노시는 너무 기뻐서 눈물을 줄줄 흘렸어. 위대한 수학자 가우스에게 편지를 써 보냈어.

그런데 이런!
가우스가 벌써 똑같은 사실을 발견했다는 거야. 아직 발표만
하지 않았을 뿐이라면서 무심하게 답장을 써 보냈어.
야노시는 너무 낙심해서 다시는 세상에 수학 논문을
발표하지 않았다고 전해져.
야노시와 가우스는 도대체 무얼 발견했을까?

⑩ 수학이 도대체 어떻게 된 거야?

심심한 개미 두 마리가 평행선을 따라 길을 떠났어.
걸어가고, 걸어가고, 걸어가고, 걸어갔어.
그런데 어어? 어어?

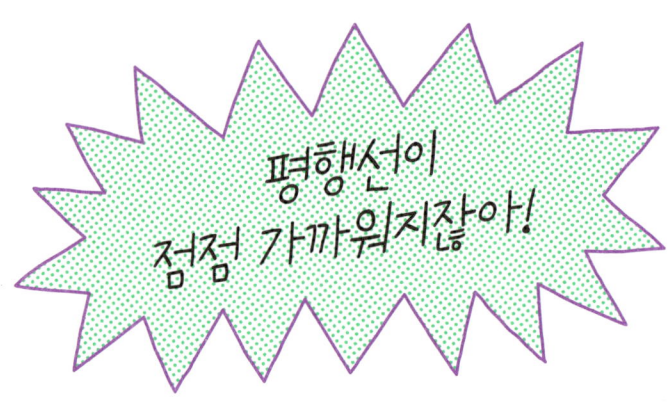

'그럴 리가!'
'평행선이 아닌 거 아니야?'
'평행선이라니까!'

어어? 어, 어?

쿵!

평행선이
만나 버렸어!

어떻게 된 거야?

개미들은 평행선인 줄 알고 떠났는데, 알고 보니 평행선이 아니었어.
둥그런 풍선 위에는 평행선이 없어. 풍선은 평행선이 하나도 없는 세상이야!

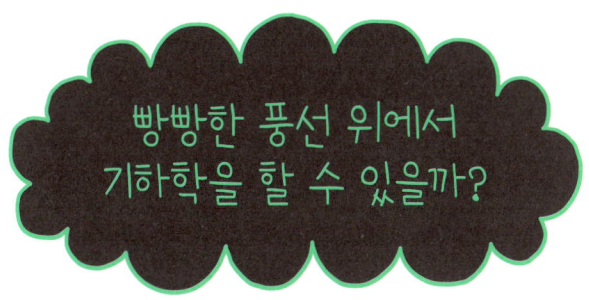

있어! 이름하여 '풍선' 기하학!
"푸하하, 무슨 이름이 그래?"
음…… 물론 수학자들은 이렇게 부르지 않아. 구면 기하학이라고 부르지.
풍선 기하학은 상상 속의 기하학이 아니야.
왜냐고? 거대하고 거대한 풍선이 정말로 우주에 있다는 거 아니겠어?
우리가 바로 그런 거대한 풍선 위에 살고 있어. 바로 바로 지구 말이야. 둥그런 지구 표면 위에서 기하학을 한다면 무슨 일이 벌어질까?

지구 위에
점을 찍어.

콕! 콕! 콕!

점을 이어.
삼각형을 그려.

우주에서 삼각형을 내려다봐!

둥그란 지구 표면 위에 삼각형을 그리면 삼각형이 이상해. 삼각형이 빵빵해!

기억 나? 평평한 종이 위에 삼각형을 그리고 세 각을 모두 더하면 항상 180도야.

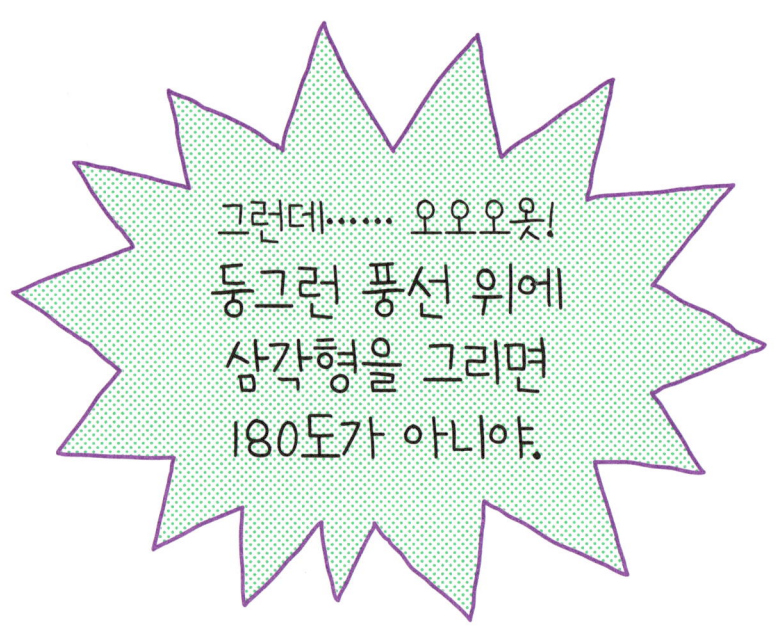

그런데…… 오오오옷!
둥그런 풍선 위에
삼각형을 그리면
180도가 아니야.

삼각형의 세 각의 합이 180도가 넘어.
이상한 삼각형이 기하학에 등장했어!

지금까지 네가 교과서에서 배운 도형은 잊어. 그건 평평한 종이 위에서 하는 거야.
수학자들은 갑자기 알게 되고 말았어.
평평하지 않아도 돼!
어디에서나 기하학을 할 수 있어!

종이도 아니고, 지구도 아니고,

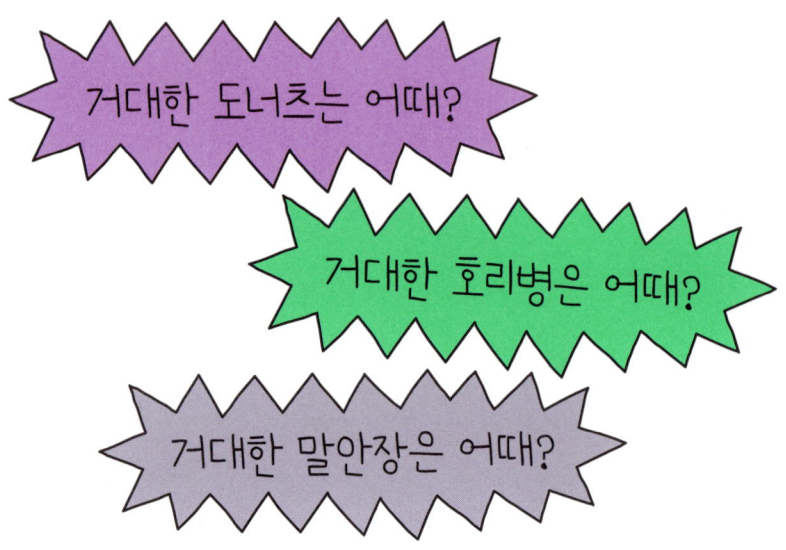

"푸하하! 그래도 돼?"
얼마든지!
거기에 직선을 그려. 평행선을 그려. 삼각형을 그려!

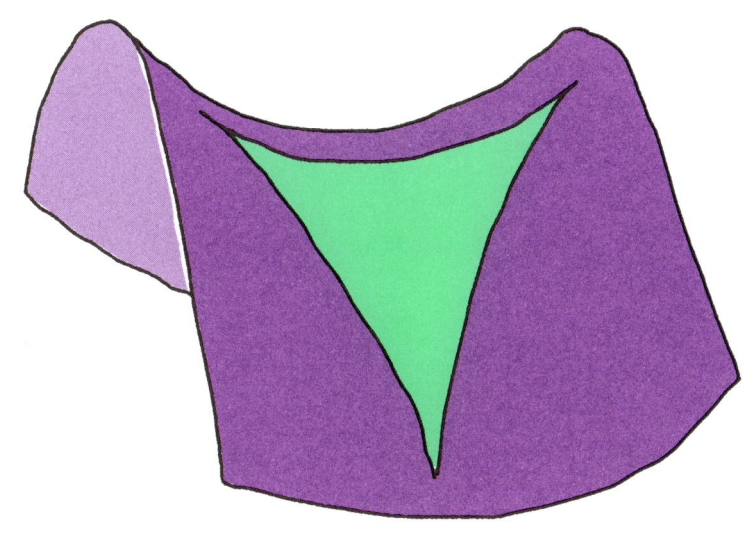

하하! 말안장 기하학이 마음에 들어?
말안장 세계에 평행선을 그리면 평행선이 1개가 아니야.
무지무지 많아. 삼각형을 그리면 세 각의 합이 180도가
아니야. 180도보다 작아!
이제 기하학은 하나가 아니야.
수학자의 머릿속에 새로운 기하학이 자꾸자꾸 생겨나.
새로운 기하학 덕분에 놀라운 사실을 알게 되었지 뭐야.
1915년에 알베르트 아인슈타인이 깜짝 놀랄 발표를 해.
'우주가 평평하지 않아요.'
'우주가 울룩불룩 휘어져 있다고요!'
'별이 너무너무 무거워서 우주 여기저기가 움푹움푹 패여
있어요!'
온 세상이 발칵 뒤집혔어.

과학자들도 입을 다물지 못했어.
수학자만 빼고!

수학자는 놀라지 않았어. 우주가 아무리 괴상하고 이상하게 생겼다고 해도 말이야. 수학자는 벌써 이상하고 괴상한 기하학을 많이 상상해 보았거든. 휘어지고 구부러진 풍선 세계의 기하학, 말안장 세계의 기하학, 호리병 세계의 기하학……. 하하!
그래도 속으로는 살짝 놀랐을걸.

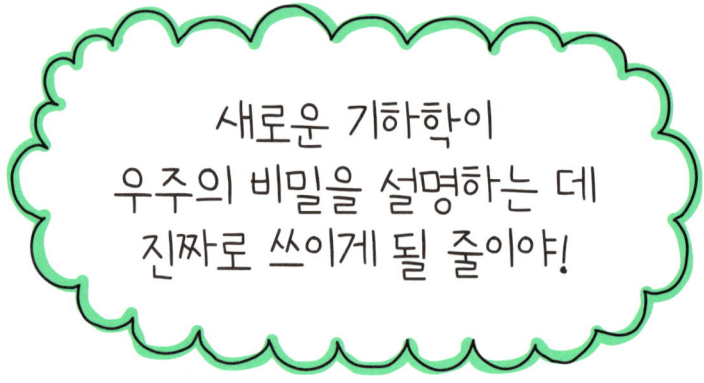

새롭고 이상한 기하학이 없었다면 아인슈타인도 그렇게 멋진 우주는 상상하지 못했을걸.

우주는 평평하지 않아. 울룩불룩해!
기하학 덕분에 우주 공간이 어떻게 생겼는지 알게 되었어.
이제 수학자와 물리학자는 우주 바깥에서 우주를 볼 수
있다면 우주가 어떤 모양일까 연구해. 우주의 모양으로 우리
우주의 미래를 예측해.
만약에 우주가 거대한 공 모양이라면?
만약에 우주가 거대한 말안장 모양이라면?
우리 우주가 어떻게 끝이 날까 하고 말이야.
공 모양 우주는 태어나고 죽는 것을 영원히 반복해.
말안장 우주는 점점 더 커지다가 은하와 은하가, 별과
별들이, 원자와 원자가 서로 아득히 멀어져 더 이상 아무
일도 일어나지 않는 죽은 우주가 된다는 거야.

우리 우주는 어떤 모양일까?

궁금해.

궁금해.

하지만 네가 기하학을 배워야 하는 진짜 이유가 뭔지 알아?
"뭔데? 뭔데?"
어느 날 갑자기 네가 비행접시에 납치를 당해.
"헉!"

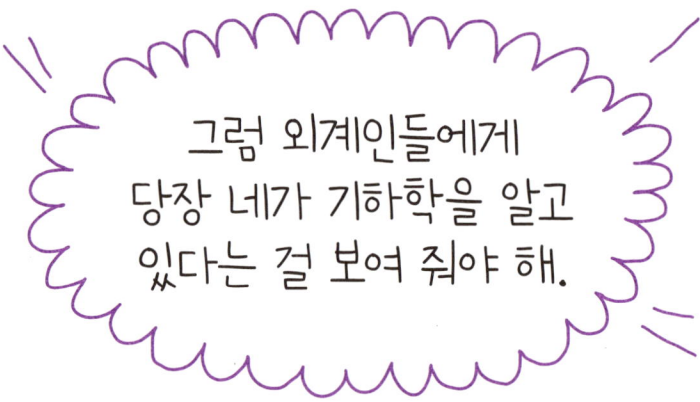

"왜?"
지구를 찾아낸 외계 문명이라면, 기하학을 알 게 틀림없어.
외계인에게 잡혀가면 당장 오른손을 이마에 대고 왼팔을
오른쪽 팔꿈치에 대.
이렇게 말이야!

"아하! 정사면체잖아!"

빙고!

외계인도 너에게 지성이 있다는 걸 단박에 알걸. 그럼 너를 곤충처럼 다루면서 함부로 팔다리를 떼어 내진 못할 거야.

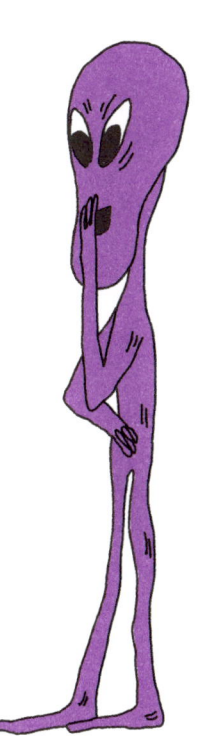

참고 문헌

시오반 로버츠, 안재권 역, 《무한 공간의 왕》, 승산, 2009

안나 체라솔리, 박진아 역, 《도도한 도형의 세계》, 에코리브르, 2014

매트 파커, 허성심 역, 《차원이 다른 수학》, 프리렉, 2017

미카엘 로네, 김아애 역, 《수학에 관한 어마어마한 이야기》, 클, 2018

에르베 레닝, 이정은 역, 《세상의 모든 수학》, 다산사이언스, 2020

벤 올린, 김성훈 역, 《이상한 수학책》, 북라이프, 2020

조던 엘렌버그, 장영재 역, 《기하학 세상을 설명하다》, 브론스테인, 2022

미래가 온다 수학 시리즈는
미래를 바꿀 첨단 과학에 숨어 있는
수학의 원리를 배우고, 수학자처럼
사고하는 법을 체득하는
어린이 수학 정보서입니다.

01 수와 연산 외계인도 수학을 할까?
김성화·권수진 글 | 김다예 그림

02 소수와 암호 거대 소수로 암호를 만들어!
김성화·권수진 글 | 한승무 그림

03 기호와 식 X가 나타났다!
김성화·권수진 글 | 정오 그림

04 도형 삼각형은 힘이 세다!
김성화·권수진 글 | 황정하 그림

05 위상 수학 바지에 구멍이 몇 개일까? (가제 | 출간 예정)
김성화·권수진 글 | 김진화 그림

06 함수와 그래프 해리포터에 수학이 있다 (가제 | 출간 예정)
김성화·권수진 글 | 강혜숙 그림

07 패턴과 예측 화장실 도둑을 잡아라! (가제 | 출간 예정)
김성화·권수진 글 | 이고은 그림

08 차원과 대칭 괴물도형이 보여? (가제 | 출간 예정)
김성화·권수진 글

09 확률과 통계 동전을 백만 번 던져! (가제 | 출간 예정)
김성화·권수진 글

10 무한 무한괴물이 문제야! (가제 | 출간 예정)
김성화·권수진 글